BONDO

Menna Elfyn is one of the foremost Welsh-language writers. As well as being an award-winning poet, she has published plays, libretti and children's novels, and co-edited *The Bloodaxe Book of Modern Welsh Poetry* (2003) with John Rowlands.

Her books include two bilingual selections, *Eucalyptus: Detholiad o Gerddi / Selected Poems 1978-1994* (Gomer Press, 1995), and *Perfect Blemish: New & Selected Poems / Perffaith Nam: Dau Ddetholiad & Cherddi Newydd 1995-2007* (Bloodaxe Books, 2007), a Welsh-only selection *Merch Perygl: Cerddi 1976-2011* (Gomer Press, 2011), and two later bilingual collections from Bloodaxe, *Murmur* (2012), a Poetry Book Society Recommended Translation, and *Bondo* (2017). *Optimist Absoliwt: Cofiant Eluned Phillips*, her biography of the poet Eluned Phillips, was published (in Welsh) by Gomer Press in 2016, and *Cwsg: am dro yn ôl*, a book about sleep illustrated by Sarah Williams, in 2019, both from Gomer Press. Her latest Welsh language collection, *Tosturi* (Mercy), with illustrations by Meinir Mathias (Cyhoeddiadau Barddas, 2022), was shortlisted for the 2023 Welsh-language Wales Book of the Year Poetry Award.

When not travelling the world for readings and residencies, she lives in Carmarthen. She was Wales's National Children's Laureate in 2002, and was made President of Wales PEN Cymru in 2014. She was, until 2016, Creative Director in the School of Cultural Studies at the University of Wales, Trinity Saint David; she is also Professor of Poetry and Creative Writing. She won a Cholmondeley Award in 2022, a prize which recognises a poet's body of work.

WEBSITE: www.mennaelfyn.co.uk

MENNA ELFYN

Bondo

with English translations by
ELIN AP HYWEL
GILLIAN CLARKE
DAMIAN WALFORD DAVIES
MENNA ELFYN
ROBERT MINHINNICK

BLOODAXE BOOKS

ISBN: 978 1 78037 388 1

First published 2017 by
Bloodaxe Books Ltd,
Eastburn,
South Park,
Hexham,
Northumberland NE46 1BS.

www.bloodaxebooks.com
For further information about Bloodaxe titles
please visit our website or write to
the above address for a catalogue.

Supported using public funding by
**ARTS COUNCIL
ENGLAND**

Cover design: Neil Astley & Pamela Robertson-Pearce.

Digital reprint of the 2017 Bloodaxe Books edition.

CYDNABYDDIAETH | ACKNOWLEDGEMENTS

Grateful acknowledgment is made to the editors of the following publications where some of these poems or translations first appeared: *Poetry Wales, Taliesin, Barddas, H'mm Foundation, Hwaet! 20 Years of Ledbury Poetry Festival* (Bloodaxe Books, 2016), *POEM, New Humanist,* Hay Festival Press, 2013. Many thanks also to Sgema for financial support for the translations.

The sequence of poems on the tragedy of Aberfan were written over a number of years in private journals and notebooks and reflect a deep and continuing connection with the mining communities in Wales. 'The Gate' | 'Y Glwyd', first published in *Murmur* (Bloodaxe Books, 2012), is reprinted here as a personal testimony of the loss of the poet's grandfather in a mining accident.

Once again, my thanks to my translators, who have enabled me to continue to write poetry solely in the Welsh language while nestling under its *bondo* – eaves. The need for a roof over my language as well as to be able to roam far and wide in English is both a necessity and a joy to uphold.

TRANSLATORS

EAH: Elin ap Hywel
GC: Gillian Clarke
DWD: Damian Walford Davies
ME: Menna Elfyn
RM: Robert Minhinnick

CYNNWYS | CONTENTS

Niwlo

You mention fields, air, rain, this is all I know about Wales.

ARANTXA URRETABIZKAIA

mewn gohebiaeth â'r bardd

Ni ddeallwn y dafnau brith
all daflu niwl dros ein llygaid,
wrth hongian yn yr awyr,
a'n rhwydo drwy ffawd at ffydd.

Gall un niwlen fechan
faglu'r golwg wrth i'r entrych
edrych fel ffenest lle hapchwarae,
ymbalfalu am gip i'r gorwel wnaf.

Ai dyma ein hanes ni?
'All I know of Wales'?
Pobl y niwlen ydym,
o dawch i'w drwch ynom.

Er dyfod dro'n ôl i'r cae hir
a'i alw'n faes i'n hiraeth,
ni allem fyned ôl-yn-ôl,
na symud troed at borfeydd glasach.

Yma, yr ydym yn dyheu
fel rhan o'n creu i'n crawni
ar dir Cambriaidd, yr hyn sydd
yn faen o danom.

Misting

You mention fields, air, rain, this is all I know about Wales.

ARANTXA URRETABIZKAIA
in correspondence with the poet

We don't understand the speckling of drops
that cloud our eyes,

this misting in the air
that confuses fate with faith.

A single droplet seems enough
of a distraction, like a fairground

arcade's dark glass
enticing us elsewhere.

'All I know of Wales,' you say.
But is this our history?

Why must we be people of the mist
feeling ourselves dissolving?

Ages ago we came here, and yet
are still confused by the mysteries

of who we never were
and what we'll never be.

But this is where we yearn
for our own acre of creation,

the stone where we stand
precambrian.

Heddiw, cerddwn i gasglu'r praidd
a'r rhai ar ddisberod, ar erchwyn
dibyn, a'r môr yn awchu'r niwl
a'i ddwyn i'w gôl i'r llanw olchi ei drem.

xirimiri, ddaw drosom oll, smwclaw
a *lanbro* yn y pellter mawr tu hwnt
sydd ynghudd tu ôl i'r mynyddoedd,
lle mae 'lan' a 'bro' yn nes at gymylau

amser. Syllwn, ar oledd fel o hyd
a'n cariad at gaeau, ac at aer
ac at law, *lan da lan* ei fwrw drosom,
nes i'r awyr yn sydyn, hawyr bach
     o'i gorsedd eiriaseddu.

xirimiri: Basgeg am law mân; *lanbro* gair Basgeg am wylio'r storm a'r niwl;
lan da lan, ymadrodd yn iaith y Basg am bopeth!

12

Today we're collecting the flock,
even the ones that wish to wander lost.

There's no secret for them
in the world's weather.

Fields, air, rain, as you say,
and our long hide and seek in the mountains,

but sometimes
our eyes will rise
for a sudden
incandescence.

[RM]

xirimiri: Basque for light rain; lanbro, the Basque word for watching the fog
from afar; lan da lan, a word for everything in Basque and words that sound
similar to Welsh.

Bondo

Bendith o dan y bondo.
Deuddyn sy'n sgwrsio a gwrando,
adeiniog bonblu'n cyd-byncio.
Ninnau, clyd ŷm a chryno,
ein mawl ar wefusau yno,
bendith yw byd y bondo.

Pa fyd gwell, nag yma'n huno
heb ofn gerllaw wrth ddeffro?
Gwên cymar ar awr blygeinio,
cyn i'r dydd a'i wawl fraslunio
a'n gwasgar, hyd awr ein clwydo
i fendith o dan y bondo.

I annedd dangnef rôl mwstro
daeth pigau euraid i byncio;
'Croeso haf' mewn brig, anwylo
ein nythaid, bu mynych gyffro
'n eu plu, cyn in ddadflino,
a'n bendith o dan y bondo.

Oes o ŵyl yw'n noswylio.
Pa bris sydd i'n llys breswylio?
I bob cyw daw gwawr ehedo
o raid ar ei hynt – anturio.
Cân ein pader i'w plith – fel heno:
Ein pryder boed iddo esmwytho;

boed bendith ar nyth eu bondo.

Benediction of Eaves

Benediction of eaves.
Blessings to all paired things
they shield.
Snug under soffits we sing:
blessed be
the tabernacles of our eaves.

What more delicious
than under overhangs
to sleep, and unalarmed
wake to our aubade,
before the day
drafts itself, disperses us –
but only till we roost again
in the grace and godsend of the eaves.

After the mass migrations,
songs spill from summer gables.
Flight's flurries settle.
Fledglings hallow
our own sweet brood indoors –
boon of eaves-born birds.

Each day ends triumphant
in a coming home;
but home, we know, is where
we leave from:
hatchlings raise the latch
and go.

Let fly blessings:
may your eaves' lease
always bring you joy.

[DWD]

15

Allanfa

1

Yn blentyn, ni ddeallwn yr X –
ai Crist yn cario'i groes
ar oledd ydoedd?

Ei gweld wedyn,
rhyw lythyren estron.
EXIT neon fel y nef

lle cuddiai Duw mewn annedd
tu ôl i'r lôn a'i gwawl
yn fwy na sglein y sgrin.

EXIT. Rhai'n ei gloywi hi
heb gilwg yn ôl, tuthian
slei bach trwy'r drws ochr.

Deall fel y gall X ryddhau'r
neb a fyn ddihangfa o'i sedd,
ei baglu a'i heglu hi.

2

Yn yr entrychion, EXIT.
Drws cau ein ffawd, gwregys
amdanaf. Ond pa fodd y gallaf

arwain llwyth i waredigaeth.
'Rhaid bod yn heini,' meddai –
Duw a'n gwaredo. Gweddi unsill.

Fy nrych yw'r cymylau. A myfi?
Achubydd annisgwyl i daith
annarogan. Nid ffilm och a gwae mohoni.

Exit

1

When I was a child I never understood X.
Maybe X was Christ carrying his cross askew?

Then I thought X an alien letter
and the Exit's neon was hiding

heaven where God lived
down that beam of light that lit the screen.

But before any film finished, some of us
scarpered without glancing back;

and while seeking light through a side door,
others scattered like refugees,

sensing X permitted us
to tip our seats and escape.

2

That exit was a dazzling
azimuth, fateful door.

It was little me led the charge to deliverance.
We must be fit, I prayed, which is how

I thought God would wish to welcome us.
In every film (except the scary ones).

I was the saviour of an unruly tribe
and between myself and that mysterious door

Rhyngof a'r porth dirgelaidd
mae lifar coch yn ddolen ddall,
anhunedd yw sgript pob awyren.

Tystysgrif X i arweinydd y troad
allan, a chyfyng mewn cyfyng
gyngor, a'm gwregys yn fregus,

oddi fry. Beth pe bai oglau perygl?

3

Amlosgfa. A daw holl XXX
fy oes yn ôl i mi mewn hiranadl
wrth weld anwylyn yn ymadael,

drws ochr, EXIT, mor ddi-droi-nôl,
angau yw'r eithaf groes sy'n hongian
uwchben. O mor gymen yw X.

Ac yma, wrth ganu'n iach i'r sawl
sy'n ddiwyddor, syll yr X fel siswrn ar agor,
yn gleddyfau'n croesi ar gnawd ein galar.

Awn allan, O gwnawn, allan yr awn,
yn un lliaws, a'r groes ynom yn un X
a'r aer yn fain cyn bygwth glaw mân.

glowed a red icon.
Anxiety's the story of my life,

as yes, it was I urged exodus through perplexing
dark, dreading someone might smell fire.

3

Now, in the Crematorium's surround-sound
all the Xs come whispering back

as we watch a loved one depart
through a side door, that exit

from which there's no return.
Death is the cross that hangs above

and immaculate is its X
as we sing to the one who has just slipped out,

and then depart through threat of rain,
X scissoring us away.

[RM]

There is no letter X in the Welsh language.

Cloig serch

Ilka morn auld love's a handsel
GERDA STEVENSON

Bob bore mae hen serch yn rhodd o'r newydd,
fel y gadwyn na allaf mo'i gwisgo
heb gymorth cymar. Cynllwynio
a wna'r bach a llygad rhag im gredu
y medraf ei chlymu o'm gwegil fy hun.
Galw a wna am ddefod sy'n uno
deuddyn, cans i'w byclu'n destlus
rhaid i'r clespyn orwedd yn wylaidd
ar fynwes fwyn. Cwlwm yw
a unodd anwyliaid oll – ynghudd.

O genhedlaeth i genhedlaeth mor
ddi-nod yr alwad urddasol;
gorchwyl rhwng dau gymar,
geilw am ennyd yn unig
o astudrwydd bys a bawd.

A thybed nad eiddynt hwy oedd creu
y gleiniau glwys mewn oes a fu,
fel bo'r naill a'r llall yn rhannu rhin
y seremoni gyfrin hon mewn ogof
neu stafell ddirgel? A'u cael o gern i gefn
ac o bryd a gwedd yn ddolen gydiol
wrth anwylo ynghyd y weithred o gau
cymhendod hynod yr ymrwymiad hwn,

fel bo'r naill i'r llall mor ddibynnol â mwclis:
llinyn o ymbiliau rhwng cariad a chadwyn
sy'n estyn ymhell tu hwnt i unrhyw berlau
gan ddisgleirio o'r newydd heb ofni'r dryllio.

Love Knot

Ilka morn auld love's a handsel

GERDA STEVENSON

Each morning old love is a gift renewed,
like the necklace I can't fasten
without love's help. The clasp
and eye don't let me believe
I can fix it at the nape alone.
It needs this ritual, the unison
of two, the secret lock
that lets the necklace lie
on my breast, a hidden knot
that binds two lovers.

Through generations,
this simple duty,
this task, lover to lover,
a moment's work
for finger and thumb.

Were they made, I wonder,
these lovely beads, in another age,
so that this ritual for two
would become common ceremony
in cave or private chamber.
To find two parts at the nape,
to see them linked,
to caress in the act of closing,
this orderly commitment.

On one another, dependent as a necklace,
love's need and plead a chain,
glowing beyond pearls,
renewed, unbreaking.

[GC]

Y fodrwy ar fys

1

Mwynwyd hi. A mwyn ydoedd.

2

Er ei choethi
a'i bathu,
yn glöen rhwng dau fys –
dod o law i law
a wna yn y diwedd.

3

Yn ein dyddiau hirwylltog,
chwarddem at ddefodau,
broliant disglair y fodrwy,
a'i llofnod
eiddo i arall.
Chwerthin at addunedau,
y beilch a'u dathliadau blynyddol,
cofiem yn aml y bore wedyn.

Ac er ymostwng i'r undydd o fendith
gerbron eraill,
aeth y cylch bach i flwch cau
yn dlysyn i waelod 'cadw-mi-gei'.

Heddiw, syllwn arni.
Bu'n alltud am ddeugain mlynedd
er i'n bysedd ymwáu,
anwylo, dal dwylo yn dynn,
yn realiti ein rhialtwch.

4

Pa gylch aur all fesur
ôl bys einioes,
cil serch yr achlysur?

The Ring

1

Mined, refined.

2

Though purified,
formed,
a lock for two fingers,
hand to hand,
their destiny.

3

In our long-haired days
we'd scoff at holy rites,
the flaunted flash of a ring,
signing a life away
to another,
we'd mock at anniversaries,
proud celebrations,
remember the morning after,

and though we had our blessed day
before witnesses,
the little ring returned to its closed box,
just a jewel, a keepsake.

Today we look at it
after forty years,
our fingers tighten,
and we touch hands,
laugh at ourselves.

4

What gold ring can measure
the hidden fingerprints
of a life?

5

MODRWY'R GWEDDW

Collodd ei chof,
a chollodd ei chartref.
Symud i Gartref Gofal
lle roedd colli'n gartrefol.
Yna, collodd gofalwyr y Cartref,
– y rhai a dalwyd i gofio –
ei modrwy priodas.
A do, fe gofiodd hynny
hyd weddill ei dyddiau.

Ei hunig aeres oedd –
einioes yr aur cul.

5

THE WIDOW'S RING

She lost her memory
lost her home,
moved into a Care Home
where losing was homely;

then those paid to remember
lost her wedding-ring,
the one thing she remembered
the rest of her days,
her one treasure, a thin band.

[GC]

Ysgol Gân y drudwns

Gnaws etyn adnabod bore

GWALCHMAI AP MEILYR

A daeth taith fawr
ddwsinau o ddrudwns
i ben.
    Nid sbienddrych
o bell yn gorwelio
eu plu sy.
    Ond bore heddiw
seicdreiddwyr eu cof
      sy'n nodi sain
        eu hen ganiadau.

Wedi clwydo
deffro wnant,
        ehedant
i bedwar ban, cydganant,
hymian mewn ffurfafen
fel taflen Ysgol Gân,
llond galeri yn oedfa'r nos,
a'r Gymanfa yn agosáu.

    Altos fan hyn,
        desgant fan draw,
basso profundo o gysgodion dwyfol
Yn solffeio – *do, mi, ti.*

A'r haul, ymuna â'r saint,
seinio pibau ei organ
wrth amenio ac amenio
y Duw adeiniog.

Singing School for Starlings

A bird's instinct is to know morning
GWALCHMAI AP MEILYR

It's long journey's end
for a murmuration of starlings.

Their feathers seen,
not through field-glasses
on a far horizon,
but here and now
where the whitecoats explain
how birds remember
their old songs –

released from the gates of sleep
they wake on the wing, humming
to the earth's four corners,
and the sky's page is a sheet
from the hymn-book of Singing School,
the gallery full for evensong
their Gymanfa in full voice.

Altos here,
descant there
a basso profundo of shadows
sol-fa – *do, mi, ti.*

The sun will join the refrain,
sounding itself.
And voicing, Amen. Amen,
is the wing-ed God.

Ar adain cân
glissando yn y nen.

Eto eu llef sy'n rhy bell o'n gafael.

Ond wrth godi ael
gwelwn Ddiwygiad,
cyffesion ffydd o adenydd.

A'r Durtur anwel?
Rhy astud yw i ni ei chlywed.

On a flight of song
the flock's hymn flows
beyond our reach.
Yet open our eyes
and see a Revival,
a confession of birds,

the great invisible Dove
too attentive to be heard.

[GC]

Marwnad i ieithoedd

1

Y gân wantan
oedd hi gynta',
hoelion ar yr heulwen,
cyn dyfod ar draws yr alaw geinaf
a roddodd urddas i'r gorwel
wrth alaru colli ei melyn gochni
tros drum.
Emyn i un
ydoedd dy gân
am lais y lliaws
ar draws
byd sy'n anghofio ei bod.

2

COFIWCH FI

Na'd-fi'n-angof
yw'r blodyn,
er imi fel y truan
lithro i'r afon
wrth i'w gariad
hwylio heibio.

Na'd-fi'n-angof,
y petal yn fy nwrn
wrth lithro,
llithro,
fel yna, y cwymp
blagur mewn llaw,
i mewn i lif difancoll.

Marwnad for languages

1

Fragile, the first
music, mere
splinters of sunlight
before becoming the finest song,
unforgettable the sunset
over the ridge
that gave grandeur to the distance,
your language a hymn
lost in the multitude,
requiem for a world
that's forgetting how to be.

2

Language a flower
I cannot forget,
it slips away, like a lover,
hardly time to say
don't forget me,
but remembrance means only
petals in the stream.

Language a flower,
carried away,
but language the flower
cannot forget and out
of reach, stems in
the fist into the distance
and then a final fall
obliges oblivion.

3

Palenque
Y lengue, y tafod,
Yr unig air am iaith
Palenque – palenge a senda teilan ngombe
Rinduse i betuaya,
gwlad gwartheg, melysion ac ymborth.

Does neb yn fy neall, meddai
cyn marw, ei anadl olaf
yn rhyddhau'r iaith o'i gafael.
Saith chwaer a'r saith rhyfeddod
ar weflau;
a'r hwyraf wedi oeri
nes i'r iaith droi'n iâ,
pibonwy yn dadmer
i'r merbwll;
beth ydoedd ond chwirligwgan
yn strancio yn erbyn y llif,
nes cyrraedd tawelwch ar dafod.

'Ffosil byw,' meddai'r doethinebwyr,
ac a ddaw rhywun o hyd i'r geiriau
fu'n gerrig garw ar draffordd chwim?

4

ER COF AM MICHAEL HARTNETT:

Dywedaist *Farewell to English,*
minnau a ddywedaf ffarwel i awel
holl ddail yr iaith
sy'n gwegian rhwng y brigau.

Onid oes yn rhaid i rywbeth roi?

Yn y diwedd heb ymgeledd
er yr ymgais i'w choleddu;
iaith gwerthu a phrynu moch, meddet,

3

Palenque,
The *lengua,* 'the tongue'
The true word for language,
Palenque – palenge a senda teilan ngombe
Rinduse i betuaya,
in this land of sweetmeats, herds and fodder.

There's no one left
who understands me, he said.
And with his last breath the language escapes.
Seven sisters and seven marvels of their names
upon his lips, and the latest
freezing as the language
edges to ice, thaws in the acid rain.
But what's language anyway
but a whirligig of sounds,
and to complain about it
only a tantrum till the tongue is stilled.

'A living fossil'
say the experts,
route of rough stones
that can never take us where we want to go.

4

IN MEMORY OF MICHAEL HARTNETT

You bade farewell to English
and I too might think good riddance
to that wind that sets
the leaves of languages
trembling in the treetops.

In the end, not bothering
how it might sound
you said, sometimes English
is the necessary sin,

pechod angenrheidiol yw'r iaith fain,
sydd weithiau'n heini o ysgafn
bryd arall yn rhy fusgrell i fyw.

5

Bu farw Boa,
ar ynys anial ei chnawd,
trengodd ei thafod Bo gyda hi;
hi oroesodd y swnami, drwy ddringo coeden
hi glywodd oddi mewn y rhybudd am ddistryw
hi oroesodd meddiannu ei gwlad gan y Siapaneiaid
hi oroesodd glefydau'r trefedigaethwyr Prydeinig,
hi na allodd sgwrsio â neb ym mlynyddoedd olaf ei bywyd,
hi a welodd ei hynys yn crebachu yn benydfa i garcharorion
yn gaeth i'w hiaith ei hunan.

Aeth y cynfyd Neolithig ar ddifancoll,
Wrth golli ei halawon, aeth ei straeon ar strae.

6

Tabasco, Mecsico
dau frawd heb fod yn siarad â'i gilydd
yn bradu iaith eu mamau,
Zoque ar eu tafodau.

Dau frawd a'r ddau olaf,
a llusern yr iaith yn gwelwi,
gaeaf caled rhyngddynt, lle bu haf.

Colli ei gilydd oedd colli eu mamiaith,
colli'r perthyn a'u gwna'n ddynoliaeth,
pob llannerch yn colli ei lluniaeth.

Dau frawd heb fod yn siarad,
eu hiaith yn un ynganiad,
iaith unig – seithug o afrad.

a language for buying and selling pigs,
at times miraculously light,
recherché.

5

Boa died,
and Bo almost perished with her;
but she survived a tsunami by climbing trees,
a starveling on her desert island,
outliving Japanese juntas and the British pox.
No word to exchange as her life was lived out
yet the weather full of warnings.
Finally her home was a prison cell
where the language itself
was confined, its music mislaid
and away brought
Extinct that Neolithic world.

6

Tabasco, Mexico,
two brothers
the last speakers
of a language
that was once a lantern
in the darkness between them.
Now there's hard, silent winter
that once seemed summer.

These two brothers
losing one another and losing their mother tongue
losing belonging and losing humanity
as the shade is lost from the last tree.

Two survivors,
telepathic their tale,
but a third must vanish when they depart.

7

MALDIVES

Mae mantas brenhingar
mewn perygl meddir,
a'r iaith hithau
fel pysgod yn y dyfnfor
yn cadw'n isel
rhag dyfod i'r wyneb
a'u dal.

8

Trwy rai estronieithus
dilynwch gariad
dyna a ddywed y Gair Da.

9

Adar y si,
cencontlatolly
O, am fod yn bluen
ar aden yr aderyn,
hyhi a'i phedwar can tafod.
Ai dianc wnaethant
o dŵr Babel unwaith?

10

Ac onid iaith yw hiraeth?
Yr anian yn chwilio am enaid.

Beth ydoedd unwaith
ond darn hir o dir,
fel fforch rhwng dwy afon,
neu ergyd o fwyell a deflir
i hawlio'r tir.
Mynnu rhyddid a wnawn yn yr aer
i gyhwfan fel gwas y neidr
a glanio fel pilipala.

7

MALDIVES

It's said the manta rays
are endangered,
and the language also
a deepwater fish
that shuns the shallows...

8

We must note
in Corinthians 14.21
that even a stranger's language
must choose love.

9

The rumour is
a hummingbird
had four hundred wingfeathers
and each is a language...
was it from Babel
this bird first took flight?

10

Isn't language a yearning,
a heart that is seeking a soul?
Where are we but
beside a river in spate,
or hearing an axestroke
echoing through the air,
darting like a dragonfly and landing
like a butterfly as a claim is made.

Ond bydd yr ergyd fel bwyell
yn brifo'r glust nad yw'n ei deall,
a chaiff ei thaflu 'nôl atom
a'n dal yn ein genau.

11

'Greenland oer fynyddig'

Dyna y canem yn ein capel,
ond mae'r iâ fel afrlladen Offeren
heddiw, a'r anthem gan lwythau
wedi tawelu ar y llethrau,
cŵn llusg wedi eu hepgor.

A does dim i'w wneud
a'r môr yn merwino.
Sut mae cyweirio ei wely?
Mercwri sydd ynddo
yn troi'r byd yn beniwaered;
hyfdra'r hofrennydd,
grŵn yr injin yn boddi rhigymau'r tir.

12

> Everything can change but not the language we carry inside us
> – like a world more exclusive and final than one's mother's womb.
>
> CALVINO

Hwyrach mai iaith yw'r atgof ein bod yno
yn llechu, yn clustfeinio wrth fur y galon
fel estyn gweddi wrth y wal yng Nghaersalem,

Yet today simple conversation
might be that axe,
confusing the ear with meaninglessness,
so that we are forced
to bite our tongues.

11

NUUK, GREENLAND

'Greenland, cold, mountainous'

We sang in our chapel service
years ago, but a silence
has settled over our own hills.
And when once we shared
the host's wafer
now we must find nourishment
in the hoarfrost upon our tongues.

And there's nothing to be done.
If the sea is dying
then how do we put that right?
Is it the mercury in it
has made the world witless,
or the static that stays forever in our heads?
Or drones and all that digital dross,
white noise drowning earth's poetry?

12

> Everything can change but not the language we carry inside us
> – like a world more exclusive and final than one's mother's womb.
>
> CALVINO

Perhaps if language
is to be remembered
we should whisper it to that wall in Jerusalem,

i fyngial hyn ac arall
cyn ei wthio i ryw agen a maen.
Rhwng mwstwr a mwynder
cyn mudo, mudo i'r byddardod.

13

> The self is only possible through the recognition of the other.
> LEVINAS

Yr hen a'r iau,
yn difyrru'r oriau,
ac mae nain yn dangos drych
i'r twdlyn,
yn gofyn iddi weld ei hun,
ond yr hyn a wna'r fechan
yw edrych heibio iddi ei hun
ac at nain, lygad at lygad.
Dyna gyfrinach iaith, sef y daw'n fyw
yn wyneb yr arall o hyd.

14

KICHANG, INDIA

Ac ymysg yr orenau,
barlys a'r reis,
ffrwythlonna iaith,
Aka, Koro, Miji, Bondo,
preswyliant yn anwel
o dan dâp recordio,
cofnodi eu geiriau.

Gan wybod
y gall taclau felly hefyd
ddiflannu.

or eavesdrop at the ramparts of the heart,
because all of us are refugees
before the start
of immutable silence.

13

> The self is only possible through the recognition of the other.
>
> LEVINAS

The old and the young
will amuse themselves,
as the grandmother
reveals to the grandchild
all the generations of the looking glass.
One eye looks clearly into another
to understand
the duplicity of language.

14

KICHANG, INDIA

Amidst the oranges,
barley and rice,
languages also flourished –
Aka, Kiro, Miji, Bondo.
But their words
are harvested now
only by tape recorders,
though machines like that
may also vanish.

15

A dywedodd gwleidydd o Sais,
yn gyhoeddus,
yn yr iaith fain wrth gwrs,
iaith breifat yw'r Gymraeg.
'Ie', porthwn –
iaith drws caeedig,
iaith y buarth,
iaith y dorth fach,
iaith hwyl y baw.

Er hynny, dere fy mechan
gad i ni gerdded pob llwybr cyhoeddus
o fewn ein cynefin,
chwalu'r filltir sgwâr,
a'i throi yn erwain,
croesi'r gamfa,
galw o'r newydd ar yr adar
sy'n prinhau: y troellwr bach,
clochdar y cerrig,
sgrechian gyda'r gnocell werdd.

Cyn dychwelyd
yn ddistaw bach,
a sibrwd yn sobr,
murio a murmur
am yr hyn sy'n firain,
fel y cawn yn ein tir glas
glywed o hyd adar Rhiannon
a chri cog Abercuawg ymhell bell o'r byd mawr.

15

Politicians speak publicly,
in English of course,
because Welsh has seemed
a private language,
a locked door language,
a shut to the rest of the world language,
a language of the farmyard,
a small beer language,
a language for children
playing in the dirt.

Because of this, child,
let's love the lanes
of our neighbourhood
where every step taken
may be scented with meadowsweet,
because gardeners are always guardians.
We should walk outside
and learn about our endangered birds,
nightjar and stonechat –
but learn to warn
with the green woodpecker

quietly, quietly,
before returning
and whispering carefully
that each murmur we make
is quiet mirth,
and we will listen to the birds
singing through our mythology
while the cuckoos of Abercuawg
call until the end of the world.

[RM]

Abercauwg: a place mentioned in a 9th-century Welsh poem conveying loss
and longing.

Y Gwrthdystiwr

(mewn protest gwrth-niwclear)

Buost farw unwaith o'r blaen,
y prynhawn hwnnw
ar sgwâr Nott, Caerfyrddin,
celanedd er mwyn tangnefedd
yn goesau a breichiau ar led.
Sibrwd wnest, 'Sdim llawer yma,'
a chlywn y tuch yn dy lais
rhwng cariad a cherydd at gyd-ddyn.

Yna, wedi'r dadebru, atgyfodi
a wnaethom, a'r siars ar gorn
siarad, i ni wneud diwrnod da
o waith dros heddwch. Ond
gwyddwn yn iawn wrth i ti
godi dy law, a dynodi 'r troi
am adref, y byddai Hydref
yn flin, a rhew ar hewlydd
yn rhincian dannedd.

Oedodd eraill am ennyd,
Fferru wrth garreg Ferrar –
Y merthyr a wyddai
beth oedd cadernid.
I mi, aberthaist ddiwrnod
ar drothwy'r Saboth i yrru
o'r gogledd troellog,
i dystio gyda mintai brith,
gorwedd ar goncrit.

Ond cadw'n ddierth
yw ymgyrch ddistaw
bardd. Nesu draw
a cholli nabod ar y byd
am ryw hyd. Am foment,

44

Peacemaker

(in memory of R.S. Thomas at a protest march in the late 80s)

You died at least once before:
that afternoon on Nott Square
when you were a ghost for peace.
Arms and legs making frost angels
of the frozen floor beneath you.
You whispered, 'we're thin on the ground'
and I heard that tetch in your voice,
chiding, yet loving, your neighbour.

And when it thawed we rose again,
obeying the celestial klaxon call
announcing a good day's work for peace.
But I knew well enough as you waved me farewell
– now it is time to leave for home –
that the world outside would be unkind,
with its rind of rime on the road.

Us? We lingered a while,
freezing, by Ferrar's tombstone,
that martyr who knew
the meaning of *unshakeable*:

For me, you had kidnapped a day
on the eve of the Sabbath, driving
the twisting road from the north
to bear witness with a motley crew,
stretched longshanks on concrete.

Yet this is the poet's true, silent protest: withdrawal.
turning in on the self, losing, losing
this world for a while.

buost a'th faner dawel,
yn chwifio uwchben,
yn un o'r cwmwl tystion.

And for the blink of an eye
there you were, your wordless banner raised
high above the clouds of witnesses.

[EAH]

Llawlyfr Arteithio Tyner

(i bob teyrn wedi cyrraedd yr Hâg)

Wedi esmwytháu'r gell,
gyda chlustogau o gnu,
a'r moethau arferol i deyrn:
drych, crib, tâp sain
a'r myrdd yn curo dwylo,
bydd y driniaeth dyner
yn dechrau'n brydlon.

Anghofiwch yr hen ddull
o esgus boddi dyn,
caiff raglen bersonol, hwylus,
ei siglo 'nôl-a-mlaen mewn cwrwgl.
Yna, unwaith y mis
caiff nofio fel lleden lefn
yn yr Ynys Las, ar sgrin.

Chaiff e mo'i ddeffro'n sydyn
yn nwrn y nos gyda drysfa
o drais ac oriau anhunedd,
na mwgwd a chyffion amdano.
Ond caiff felodïau yn ei glust
a chri baban yn galw am gael cwtsh
nes eiriol am suo-gân nes cysgu.

Ei lwgu hyd at ddiymadferthedd?
Go brin, ac nid bara cras wedi llwydo
ddaw i'w ran gyda'r driniaeth hon.
Bydd basged yn gorlifo o bomgranadau
a'u sudd fydd yn gwneud iddo wrido
wrth i'r atgof am gelloedd coch :
dioddefwyr a'u tranc waedu ei ddwylo.

A tender form of torture

(Dedicated to all despots at the Hague)

His cell prepared,
pillow of fleece,
the usual luxuries,
(mirror, comb, listening device),
the tender treatment begins right now.

Forget the usual method
pretence of drowning,
rocked in a coracle,
once a month allowed,
in the Green on a screen.

He will not be blindfolded,
at dead of night,
melodies, a baby's cry, lullaby.

No need to starve him
or feed on dry bread,
only baskets of pomegranates:
he blushes at the memory
of other cells,
his mouth juice filled.

Caiff ddysgl, llwy a stôf fach nwy
i ferwi llysiau, gweithio saig berlysiog
a dyfodd o dir toreithiog;
caiff agor grwn o bridd di-benglog
nes dyheu am fod yn hwsmon rhadlon
gan roi cynhaeaf i genedl ar ei chythlwng.
A bydd teuluoedd o'r newydd yn maddau iddo.

Dyma ddull newydd y llawlyfr amgen
o droi artaith yn daith at addfwynder;
bydd ganddo *app* i ddangos
beth yw chwerthin afreolus
ar sgwâr pob dinas a fu dan gyrffiw,
heb filwr arfog yn agos iddi,
gyda meini ei gofgolofn yn sarn.

Ymhen blwyddyn neu ddwy
yn ôl ei gynnydd araf neu chwim,
caiff gaban mewn coedwig dywyll:
i fyfyrio ar warineb pryfed o'r pridd;
caiff fynd ar ei bedwar gyda'r ceirw,
a dal sbienddrych gwylio adar yn ei law.

Ac i ddifyrru'r amser gyda'r nos
caiff help llaw gydag abacus iaith heddwch;
gan ddysgu llefaru yr ieithoedd bychain
'anghofiedig yn ngenau dynion', o'i herwydd ef.

Ni fydd geiriau fel y rhain yn bod mwyach:
teyrn, terfysg, na thrais.

Wedi'r rhaglen newydd hon
bydd mor ddiniwed â baban sugno
yn galw am ei fam gan wylo
yn ddi-baid *am am am* nes troi yn

aaa ab initio.

Bowl, spoon, a little gas stove
to boil vegetables from fertile land.
He may open a peck of rice, longing to be a good provider,
for a starving nation
a reason to forgive.

A new kind of hand book:
turn torture into grace. He shall have an app
to show the meaning of belly laughter,
in every square under curfew:
no sign of armed soldiers,
the stones of the monument rubble.

Within a year or so
be the progress slow or steady
he shall have a cabin in a dark wood;
he muses on insects:
he may walk on four quarters with the deer,
hold a bird-watching telescope in his hand.

He will while away night
learning the abacus of peace
speak tiny languages,
'forgotten by the mouths of men'.

Despot. Violence. Rape.
It will meld
into aaa ab initio.

[EAH]

Y Samariad

(er cof am yr Athro John Rowlands)

1

O'r holl linellau a luniaist
ar ddu a gwyn, yn ddwys, neu'n ddigri,

rhai rhywiol hyd yn oed, hon oedd
yr un a ddaliwyd yn fy nghof.

Cyfaill yn adrodd wrthyf
am iddi, ar awr wan, â'i bywyd

ar ben ei dennyn, alw'r llinell
gymorth, un nos Wener, a chael

y llais trugarog yn derbyn ei loes,
gan lwyddo i'w dwyn yn ôl

i randir mwyn o holl fwstwr
a dwndwr ei dydd. Daeth gosteg.

2

Inc anwel yw ing ac angau.
Stori gudd. Yntau'n ennill yn gynnil

â'i ledneisrwydd hirddoeth.
'Sneb â llais fel fe.'

Am oes, ni wyddwn a chredwn
ei chwedl, nes iddo yntau un dydd

wneud cyffes swil iddo fod
yn glust i'r anffodusion.

Sonies 'run gair am fy ffrind
na'm hanallu i fod yn gyfaill.

52

The Samaritan

(in memory of John Rowlands)

1

Of all the lines you wrote
in black and white, measured or witty,

provocative even, this was the one
that roosted in my mind.

A friend telling me how she
in extremis, in her weakness, her life

having reached the end of its tether, called
a helpline one Friday night and heard

the merciful voice accepting her pain,
managing to pull her back

to a sweet safe place far from the flurry and
pain of her day. Here there was peace.

2

Pain and death are an invisible ink.
A secret story. He gained, bit by bit

through his patient wisdom:
'He has the most wonderful voice.'

For an age, I couldn't decide
whether or not I believed the story, until, one day

he confessed that he
lent an ear to those in pain.

I spoke not a word of my friend
or my inability to be her chaplain.

3

Ni chafwyd gwell gwrandawr
na'r un a wyddai yn well na neb

am noethni'r galon a'i meddwl
wrth estyn llinyn a llinell

dros y dibyn a'i dwyn yn ôl
i dir sad pwyll, o noson ddu'r enaid.

4

Hwyrach mai yn y dirgel bethau
y down o hyd i fawredd un

a welodd drwy 'niwl ei hadfyd,'
lenydda'n falm i achub trueiniaid.

Y rhai â'u byd ar chwâl, llinellau
toredig yn galw am eu gwella.

Cael rhywun fel ef i eiriol drostynt
a'u cymell yn ôl yn nes adre

at ddynoliaeth lle mae rhyddiaith
yn un rhuddin â chlwyfadwyedd.

A thrwy len denau a llên, deall
bod 'calon pob un yn y lle iawn'.

5

Gwyddai mai edau frau yw einioes ac awr
unig o wewyr cyn dyfod gwawr.

3

There was no finer listener
than he, a man who knew better than any

of the heart laid bare, its meaning
as he advanced with line and rope

on the crumbling precipice of the heart, pulling her in
from the black night of the soul to terra firma.

4

Maybe it is in the secret things
that we find the greatness of one

who saw through mist of her need,
the writing a balm to save the wretched.

Those at their wits' end, broken lines
needing to be pulled together.

To have someone to make their case,
to bring them closer back home

to humanity, where prose
has the same great force as a permit,
and through a pale veil and writing, to understand
that 'everyone's heart is in the right place'.

5

He knew that a life is a fraying thread
in the pain of loneliness on the threshold of night.

[EAH]

Gyrru trwy Gariad

(i G.F. am ei gwaith dros heddwch)

Ar fore cynta'r rhyfel prynodd feic,
anghenraid i heddychwraig, meddai,
un main i sleifio drwy'r holl lonydd cefn
heb faricêd. Wrth agor eu llenni pren
gwelodd swyddog yn arthio ar ddau lanc
mewn lifrai a'u gwaith blêr ar wifren bigog

yn tasgu llid. Mewn byddin rhaid talu parch,
mesur manwl gywir yw'r drefn. A dyna a wnaeth
drwy fynd rhag blaen yn slei bach i'r siop
feiciau, carden credyd fel arf mewn llaw;
hyhi, yr unig gwsmer yno'n fore am 9.
Cael hwyl anfarwol yno wrth ddewis gêrs,
dal gafael â'r llyw mewn dwy law;
dewis un â'i basged a'i gwagle hael.
A'r perchennog? Roedd wrth ei fodd,
rhodd ostyngiad da gan ddweud –
ar adeg fel hon mae eisie poced ddofn.

Dydd bythgofiadwy ydoedd. Beic fflamgoch
yn belydr o bleser yn erbyn wyneb bwrlwcs
yr awyr. Ddyddiau wedyn, aeth y rhestr
yn hwy: y gorweddog a'r anabl a'r sawl
heb allu ciwio am gyfreidiau: wyau a llaeth:
ei pharseli o heddwch oedd eu bara beunyddiol.

Rhyfel deuddeng niwrnod a gafwyd. A'r beic?
Bellach ar orwedd yn rhwd i gyd.
Ei medal? Anhysbys wrth gwrs. Un heb chwennych
dim oll ond y chwedl fel y gall rhywun yrru
trwy gariad ac ennill y dydd yn y ddinas nwydus
llc bydd dcfod y llu wrth groesi'r bont yn Ljubljana
yn cusanu fforddolion eraill ar eu taith.

Love rides high

(for G.F. for her quiet acts during the Balkans war)

The day the war started she bought a bike.
It's what a peacemaker needs, she said: lean
enough to steal through lanes with no barricade.
Opening her shutters that morning she saw
an officer bellowing at two lads in uniform
for sloppy work on barbed wire. War after all

requires a duty of care. Precision in practice.
So she followed their lead, sneaking
into a bike shop armed only with her credit card:
the sole customer this 9 a.m.
Had the time of her life,
choosing the right gears, the handlebars:
just so for holding baskets abrim.
The owner, bemused was so pleased –
gave her a discount. In times like these
he said, we all need a deep pocket.

That was a day to remember, her bike, blood red,
and a sunburst of delight at the sky's
stony face. Days later, she lengthened her list:
those bedridden, unable to queue for milk, eggs,
her little parcels of peace, their daily bread.

The twelve-day war they called it then. Her bike
now rested and rusty, was her badge of honour once,
anon. Of course. She who'd want none but the tale
of how love can make one ride high and dry
in that city of passion where people as they cross
the bridge in Ljubljana kiss all passers-by.

Fforddolion? Teithwyr ar droed. Weiren bigog,
baricêds. Sbocsen o adain olwyn sy'n stond.
Yn fud hyd yn oed. Fel y dywedwn ffordd hyn,
  yr un hen, hen wahaniaeth.

Passers by? Today wayfarers on foot. Barbed wire,
barricades? 'Spoke' another word which turns us dumb,
stock still. As we say far away, it's all the same difference.

[ME]

Y gwir yn erbyn nodwydd greithio

Truths… are born – sometimes late
JOHN BERGER

Yn rhy ddiweddar, y down at wirionedd
y Rhyfel Mawr, ei waddol a'i weddwon.
Amddifaid oes newydd ydym, y rhai
heb adnabod y llu a aeth o'r caeau glas
i'w galanas. Pob tafod unig, heb dyst.
A thu hwnt iddynt? Cofio yn ôl
a wnawn, 'y neb nid adnabo nid adnabyddir'.
Eto, gwybod yn rhy dda a wnawn am hen ddwylo
ar aelwyd ymhell o'r drin
yn gwau clòs-ei-gwead, edafedd dwy gainc
wrth asio pwythau i'r chwith, i'r dde,
a cholli mwy wrth blethu patrymau
yng ngolau egwan y gannwyll.

Cyfannu o'r newydd a wnânt wedyn,
i sain gwich a gwawch y gweill
nes i'r dafe ddirwyn i ben a distewi.

O hyd mewn hyn o fyd bydd un yn dinoethi dyn
i'w dranc,
ac mewn man arall fysedd yn caboli gwisg einioes
llanc.

The truth against needles

How is it that we come to truth so late:
that Great War, its wrecks and widows.
We orphans of another age, we
who know nothing of gatherers from the green fields,
tongue-tied without a witness.

And beyond? We remember the early gnomic:
he who does not know will not be known.
But we know of those busy hands by the fireside
who knit a close weave, two ply wool,
counting stitches, from left to right,
dropping the purl or plain,
losing the pattern
under the candle's dimmering.

Two needles join again,
to the squeak and squawk
until the wool has done its work.

In this world there'll always be one
who'll strip a man, his life made bare.
Another in a corner somewhere
knitting a new garment for him to wear.

[ME]

Neb-ach

(i'r lleiafrifoedd sydd ar wasgar)

Dysgu rhedeg yr yrfa: bach, lleied, llai, lleiaf –
ond pwy yw'r lleiaf ohonom?
Credom unwaith mai ni'r Cymry
oedd y rheiny – atodiad sy'n hen nodiant
i Loegr a fyn weithiau ei bod hi'n Brydain Fawr,
er mai bechan bach yw ar fap.
Why learn Welsh to speak
to fewer people, meddai un gŵr doeth
unwaith, neu'r gohebydd tafodrydd:
this useless language heb allu sill
na stomp ohoni. Mor fach eu byd.
Mwy, mwy, mwy, yw'r clwy sy'n ein clyw.

Ond heddiw, mae'r llai a'r lleiaf
ar wasgar, ac un ydym â hwy,
a'r anfri llai-lleied arnynt hwythau,
y 'lleiaf rai', 'gwehilion'
sy'n mynnu – melltith arnynt –
gael to, a bondo a'n bendith;
sy'n crefu, er mor fychain ydynt,
ffest, a lluest a llewyrch;
ac un ydym ninnau, y lleiaf rai
ar wasgar yn ein bro yn llechu
rhag y sawl synhwyra'r dail ar ein lleferydd.

Wedi'r cyfan, enwyd ni'r Cymry
yn ddieithriaid, ac onid dyna paham
y deallwn y lleilai sy ar daith,
yn mwmian heb eu mamiaith;
gwydrlys o bobl ar draethell bell
pob telcyn wedi'i hyrddio ar graig
cyn disgyn i'r llanw mawr – mwy, mwy, mwy.

Nebbish

So many of us have stood up for the marginalised, but never
expected to be here ourselves

BARBARA KINGSOLVER

What I learned early on: small is *small, smaller, smallest*;
but who is the smallest of us all?
We thought it was us, the Welsh
'appendage', some relic or other
of England – sometimes quipped as Great Britain,
although miniscule on any map.

Welsh is the only language you learn
to be able to talk to fewer people,
said one spin doctor or the journalist:
'this useless language', though she could not sound
even a syllable from her small world.
Bigger, bigger, bigger is the curse that we hear.

These days, the small and smaller
are afoot, and we are with them
the smallest ones, dregs
whose *hiraeth* for hearth
wants a roof, eaves even, and blessings;
who crave, though they be small,
a feast, a dwelling, a plenitude ;
and we, like them, shy away
from those who sense the leaves on our lips.

After all, we Welsh were called strangers
once by our next door neighbours,
so we understand those on the move,
mumbling without the warmth of their mother tongue;
glasswort on a faraway beach
every shard hitting rock
before it falls in the cauldron of tides.

Nes y myn y grymoedd mawr, mwy, mwyaf
ailenwi'r pobloedd bychan yn fachigol:
y lleied, llai, lleiaf yn troi'n nebach.

nebach yw'r neb – heb ach,
nebach llai na lleied,
druan bach, medd rhai wrth ganu'n
iach i'r llipryn lleiaf oll.

Cyn troi yn ôl at eu byd mawr –
mwy, mwy, mwy –
os oes mwy.

nebach: nebbish: Yiddeg am druan bach.

Until the great power reconfigure their dictionaries:
as the diminutive people:
small, small, the smallest nebbish:

a nobody, nebach – no lineage,
smaller than small
poor thing, say some as they bid adieu
to the whisper of the tiniest tribes and nations.

Before slipping back to their huge world,
larger than ever, ever, ever.

[ME]

nebbish: Yiddish for poor thing; in Welsh *neb* means nobody and *ach* lineage.

The 'Welsh' is a name bestowed on us by the English and derived from the Anglo-Saxon *wealhas* and morphed into Welsh, meaning *foreigner/stranger.*

HEDD WYN (1887–1917)
Y Blotyn Du

Nid oes gennym hawl ar y sêr
   Na'r lleuad hiraethus chwaith,
Na'r cwmwl o aur o ymylch
   Yng nghanol y glesni maith.

Nid oes gennym hawl ar ddim byd
   Ond ar yr hen ddaear wyw;
A honno sy'n anhrefn i gyd
   Yng nghanol gogoniant Duw.

HEDD WYN (1887–1917)
Atgo'

Dim ond lleuad borffor
   Ar fin y mynydd llwm;
A sŵn hen afon Prysor
   Yn canu yn y Cwm.

HEDD WYN (1887–1917)
The Black Stain

We can lay no claim to the stars
  Nor a longing glance at the moon,
Nor the cloud with its golden rim
  That breathes in its infinite blue.

We can lay no claim to anything
  Except to this radiant world
That we have mired in turmoil
  Where God's beauty unfurled.

[ME]

HEDD WYN (1887–1917)
Reminiscence

Only a purple moonlight
  Bruising the hill, its tale
In the sound of afon Prysor
  Singing in the vale.

[ME]

afon: river

ABERFAN: CERDDI'R DATOD

ABERFAN: POEMS OF UNRAVELLING

Am 9.15 y bore ar ddydd Gwener, Hydref 21ain, 1966, llithrodd tomen slyri i lawr i bentref Aberfan. Cafodd Ysgol gynradd Pantglas ei chuddio'n llwyr yn y llithriad ynghyd â rhes o dai. Bu farw cant, un deg a chwech o ddisgyblion, pum athro, ac wyth ar hugain o bentrefwyr yn y drychineb hon.

Urddas y teuluoedd a'u galar yw un o nodweddion hirhoedlog y digwyddiad hwn. Mae ysbryd clòs y gymuned yn parhau hyd at heddiw yn y cwm ac yn cael ei ganmol yn barhaus. Arwydd yw o'r ysbryd a bery trwy gariad a thrwy drallod.

At 9.15 a.m on Friday, October 21st, 1966, a waste slurry tip slid down into the village of Aberfan. Pantglas Primary School and a terrace of houses were engulfed in the path of avalanche. One hundred and sixteen pupils, five teachers and twenty-eight villagers lost their lives in the man-made disaster.

The dignity of the grieving families is one of the longstanding features of this tragedy. The sense of community spirit prevails to this day in the valley and is much lauded. It is a testimony to the enduring spirit of love through adversity.

1 Y Cymoedd

Bu tanau eleni eto ar y bryniau,
cyffro'r matsien yn troi'r llethrau'n ddu,
chwe chan tân yn Ebrill 2016.
Beth yw e am y rhai a fyn
dafodi'r ffurfafen,
gwatwar y grug a'r mwswg
i grino mewn cywilydd,
gyrru cyrchoedd drwy'r awyr.

Daw drôns cyn hir uwchben.
Rhy hwyr i weld cefn y domen
yn disgyn.

*

Ffyrniced yw fflamau bywyd
a mor ddi-wres ei marwydos,
y rhuddo calon.
Er i'r tân droi'n fud, tân gwidw.

re were fires on the hillsides,
ch turning the slopes black –
April 2016.

What is it they need, these people,
who insist on insulting the sky, who send
jets to mock the heather, the ferns
till they shrivel in shame?

Soon the drones will arrive. Too late, then, to spot
the back of the dungheap sliding,
falling in on itself.

*

The flames of life so fierce,
the embers, though; a cindery cold.
Strange how hard they scorch the heart
though the fire's gone out.

[EAH]

2 Ysgol

Dros dro yw pob ysgol dda,
dod i fynd ymaith, yn well eu byd,
– ond daeth ystyr newydd i wersi.

Mor galed yw ysgol brofiad.
I'r gweddill rai, ifanc eu byd
heb frawd na chwaer i'w dilyn.

Daeth ysgol 'dros dro' i'w cymell
i liwio'u hiraeth ar ddalennau glân,
llun gyda stori i'w ddiweddu.

Dros dro, deuai rhai yn ôl i'r cwm,
y difeddwl-ddrwg, llu swyddogion,
daeth y Cwîn yn ei thro, derbyn tusw.

Nid hanner canrif yw'r hanes hwn:
erys galar yn sownd mewn talar,
heb fynd dros dro na mynd a dod dros gof.
'Pam,' hola un nad oedd y cyfryngau'n cofio
y llynedd, ar erchwyn 49 o flynyddoedd?'

2 Schooling

A good school is only there for a while:
pupils come and learn, and drift away,
but lessons mean something different now.
How hard the school of life is for the little ones.
No tracks to follow.

An instant temporary school appeared.
The children were encouraged
to draw their lost ones on the virgin paper,
a picture with a story at its end.

From time to time, people came back
to the valley, the passenger birds,
officials of all kinds, all agendas.
The Queen came too. She accepted the bouquet.

What is this? Not simply a half century of history;
it is the mourning locked deep in a furrow.
It never leaves. It never comes and goes with time.
Somebody asked me why the media suddenly remembered,
in 2016, like never before.

[EAH]

3 Homili

Ffydd? Beth yw ei rym yn erbyn ffawd?
Y tad yn codi i'r pulpud i bregethu
y Sul wedi iddo golli ei fachgen.

'Dim ond dros dro
y cawn ein gwahanu.'
O waed ei galon,
llifodd ei lefaredd nad a'n angof.

3 Homily

What power does faith have in the maw of fate?
Think of the father, ascending the pulpit to preach
the Sunday after the death of his son.
'We are only parted for a little time.'
The blood of his heart, faithful to the end.

[EAH]

4 Glaw

Pan fydd swnyn o wynt
Bydd arswyd sŵn glaw ynddo

Ysgall o law yn ffusto'r ffenestri,
a'r gawod yn atgof o'r cawdel.

Cofio meddwl mor ddigyffrad
oedd y cwm hwn unwaith

heb yr un mwstwr, dim rhyfedd
i lanciau gynnau tanau ar fynydd.

Pe cawn dim ond eiliad o'r syrffed
yn ôl a'i nudd o nodded.

4 Rain

The smallest sigh of wind brings the terror of rain.
A marsh thistle of rain spits on the windows,
the shower of an echo of the disaster.
I remember thinking once how nothing happened in the valley.
No thing stirring. No wonder the boys set fires on the mountain.
If only we could have a second of that boredom back,
its haze of nothingness.

[EAH]

5 Cefn mynydd

Does dim cefn crwca i'r mynydd nawr,
newidiodd le â'r rhai sy'n colli anadl,
yn magu ffon gan weld bywyd
ym muchudd eu machlud,
wedi colli eu troedle.
Ni ant mwyach am dro i'r mynydd fel o'r blaen.

5 Mountain track

No crooked-back mountain now. It's
changed places with the men who fight for breath,
leaning on a stick, seeing life
in the black jet of their sunset.
They have lost their footing.
They never walk the mountain now.

[EAH]

6 Mesur

Mewn ceginau,
bydd rhieni fel ymhob man,
yn nodi prifiant y plant,
nodi'r mis a'r flwyddyn.

A bydd atgof, am y strac
sydd yno o hyd, ar bapur wal,
y sawl nad oes modd eu mesur
ond mewn calendar mis, a blwyddyn yr ing.

A bydd plant yn dringo'n uwch
na'u ceraint,
gan fod maint y meirw yn aros yr un o hyd.

6 Measurement

Parents (as everywhere)
note how children grow,
record the month, the year.
There's a memory still of the stroke,
faint on the wallpaper.

Impossible to measure this one
in calendar months, the year of anguish.
Children grow taller than their parents
but the dead are always an exact size.

[EAH]

7 Gohebydd

'Ecliwsif' yw gair mawr ein dydd,
y newydd llosg diweddaraf,
newspeak Orwell yn ein clyw
Ond rhyw Orwel arall a orfu.

'Rown i yno,' meddai un,
a'i raw o lais yn palu rhyw fodfedd neu ddwy
o adroddiad, anadlu'n ddwfn rhag tagu.

'Torri gair â'r byd oedd torri calon,'
medd un, a'r dinistr yn dwyso, a'r meic
at y macyn, deigryn rhwng pob *take*.

Ac i bob eitem, gwybod bod y byd
yn gwrando, yn fud. Pa fodd?

Nid fframiau ffilm oedd ar eu meddwl,
ond fframiau bychain, gwyn eu byd.

Diffodd y camerâu, y llifolau,
a'r un gair llwythog – *cut*.

7 Reporter

'Exclusive' is now our mandatory buzz word;
the latest hot topics, like Orwellian newspeak, assail our ears
but it was another horizon which won out.

'I was there,' said a man, his great shovel of a voice
digging an inch or two
of a report, breathing deep
lest he swallowed his spit.

'It was heartbreaking, letting the world
know what had happened,' said another.
The level of destruction, deepening, the mike
at the handkerchief, a tear between each take.

A world listened silently with every item.
Their thoughts were not on frames of film
but on small frames, small pictures. Blessed are they.

The cameras, the floodlights, all turned off
with that one heavy word – 'cut'.

[EAH]

8 Gras o Ras

Gofalodd bod eu dillad hwy yn gras,
Eu halio uwch y rheilen ger y tân,
Gofalwyd nad oedd bai ar unrhyw was.

Ar ambell fore, cael a chael ar ras
I'r ysgol, bwyd ar hast, a'r plant mor fân.
Gofalodd bod eu dillad hwy yn gras.

Colli cwsg am sbel a'r plant yn y pâs,
Gwellhad drachefn, gwrid ar wynebau glân.
Gofalwyd nad oedd bai ar unrhyw was.

Ffraeo 'da ffrindiau, ond dim byd yn gas.
Cychwyn pob bore gyda nodau cân.
Gofalodd bod eu dillad hwy yn gras.

Wedi'r ing mor bitw oedd geiriau gras.
Holltwyd cwm, pob teulu yn ddiwahân;
Gofalodd bod eu dillad hwy yn gras
Gofalwyd nad oedd bai ar unrhyw was.

She made quite sure their clothes had all been aired,
hauled them above the railing, near the fire,
making quite sure that no one was to blame.

On some days, getting ready was a race:
a piece of toast in hand for school, the kids so young.
She made quite sure their clothes were freshly aired.

Nights without sleep, they all had whooping cough.
Then they'd recover, their faces, rosy, fresh.
She made quite sure that no one was to blame.

A falling out with friends, nothing too bad.
Each morning opened with a note of song.
She made quite sure their clothes were freshly aired.

After the grief, how hollow the words of grace,
The valley split, each family just the same;
She made quite sure that their clothes were aired.
It was ensured – no servant was to blame.

[EAH]

9 Datod

A'r Beibl yn barod
ar ei thafod,
    datod
oedd gair mam-gu
    am ddarfod
wrth iddi gris-groesi pwythau
ar liain rwyllog.

Gair mwyn onide,
am ddinoethi einioes,
    a'r matryd
cyn pryd – i noswylio.

A chofiais pan glywais y newydd,
am y gorchwyl o wnïo labeli
ar gotiau, trowsusau a ffrogiau,
taclu enwau ar eiddo
tynhau botymau llac,
        rhag eu colli.

Mor frau yw edau, a'r crau
nodwydd a raflodd sidanau,
gwisgoedd cotwn a gwlân,

gan ddadwisgo bywydau –
rhy fychain i fod allan yn yr oerfel.

9 Unravelling

With the Bible
ready always on her tongue
Mam-gu's word for ceasing to be
was 'datod', the great unpicking.
She saw in her mind as she cross-stitched
an open-weave stitch on her cloth.

A gentle word, surely
for a life stripped bare,
the letting go, too soon, to sleep.

Then, when I heard the news, I thought of
the woman's work, of sewing labels
on coats, on trousers, on dresses,
attaching names to property,
drawing the slack buttons together so they be not lost.

How friable is cotton, how bloody
is the needle which unfolded silks,
clothes of cotton and wool,
unravelling lives –
too small to be out there, in the cold.

[EAH]

10 Taith ddirgel

'Top destination,' meddai gyrrwr y bws,
wrth fynd â'r henoed ar daith ddirgel
a chyrraedd Aberfan.
'Lle da i ddod am dro,' medd un,
wrth i'r bws grensian trwy'r grafel,
'Un o'r teithiau gorau eto,'
medd arall yn ddifeddwl,
wrth graffu ar y beddau gwyn.

Ond amser cinio wedyn,
roedd y siarad yn dew,
dail ar dafodau.
'Pwy roi plant bach ar ben mynydd?'
Ac yn gymysg â'r trafod
daeth ton o ddistawrwydd dros y bwrdd hir,
fel petai angylion uwchben yn tewi'r cwmni.

Ar y ffordd adre wedyn,
gwibdeithiau eraill ddaw i'r meddwl
am yr wyrion,
yn cyfri yr oriau sydd rhyngddynt.

10 Mystery tour

'Top destination', was the bus driver's verdict
as he drove the pensioners on a mystery tour,
landing in Aberfan.

'A good day out!' said a passenger
as the bus crunched its way through gravel.
'One of the best mystery tours,' said another, unthinking
as he stared at the clean white graves.

But at lunchtime, afterwards, the talk was heated,
like leaves on tongues. 'Why put
little children up there on the mountain?'
A wave of silence passed along the table, as if
angels above where shushing the company.

Later, on the way home
other tours came to mind,
as they counted the years between the graves
and their own grandchildren.

[EAH]

11 Llym awel

Llym awel, calan gaeaf,
Chwerw hiraeth sy'n y canu cynnar:
Hanes fy ngwlad yw galar,
Man geni, yw man claddu
Yn Aberfan.

Gnawd gwynt o'r mynydd, gnawd claddu'n y llan
Gnawd rhai bychain mewn beddau,
Gnawd y byw a hola pa ddrygau
Ddaeth i ddaionus rhai bychain.

Gnawd gwynt o'r dwyrain, gnawd cefnsyth yw
Pigau mwyeilch sy ar y drain,
Gnawd holl drallod, di-feth yw'r llefain,
Gnawd tu hwnt i grawc y brain.

O gnawd, ble aeth dy gnwd yn y gwynt?
Mân us ydym, deilen a ddal ein tynged?
Cwymp y coed, gwae i'r glo ddyfod.

Oerwlyb mynydd, oerlas mis yr iâ,
Er mor dywyll yw'r dyddiau, ni thwylla
Cariad – calan hiraeth sy'n glynu.

11 Lament

All soul's night, a biting wind,
A bitter longing in the old poems.
My country's history is a long keening:
The birthplace and the grave in Aberfan.

It made a wind from a mountain,
It made burials in the church,
It laid little ones in graves.
It left those who came after to wonder what harm
Came to the pure of heart.

It made a cold hard wind straight from the east,
It made songbirds' beaks break on the blackthorn,
It made all the sorrow that is in this world,
It made crying while crows cackled.

Oh flesh and blood, where did your crop fly on the wind?
Are we but chaff? Does a leaf hold our fate?
The trees are felled, woe that the coal came.
Cold, wet mountain, the blue-shiver month of ice.

Though the days are dark they spell the truth.
Love – the endless song of the heart.

[EAH]

12 Truth yn erbyn *truth*

Rhwng truth a'r *truth*
Mae truth arall.

Gair am stori
rhy hir o gymhleth?

Ynteu gair yw
am stôr o ffiloreg.

Wedi'r truthio,
un truth – dynion da?

Wedi'r cystudd:
truth arall: costau.

Wedi'r ymchwiliad:
trech arglwydd na gwlad.

Wedi'r truth am 'wastraff',
truth y siarad wast.

I'r pur o galon,
truth hanner canrif,

Truth yw *truth* yw truth.

12 Truth versus Truth

After the truth:
a hoard of falsehood.

After the sycophancy:
Another *truth*, 'decent men'.

After the anguish
the vital truth: the cost.

After the enquiry,
high office against folk.

After the 'truth' of the waste,
the rigmarole of wasted speech

To the pure of heart
half a century of buried truths.

Truth versus truth versus *truth*.

[ME]

Truth in Welsh (*treeth*), means falsehood, blandishment, nonsense, rigmarole
or in a new Welsh dictionary: a story which has no shape or sense.

13 Bwrw dy fara

Daeth fy nhad adre wedi gwneud ei rownd dosbarthu bara, a dechrau
pobi eto er mwyn mynd i roi bara i'r gweithwyr.

TYSTIOLAETH BACHGEN O'R CWM

Ac wedi rhannu'r torthau yng nglas y dydd
i gwsmeriaid y cwm, dychwelodd yntau
i bobi o'r newydd, gan gymysgu'r blawd,
y dŵr a'r burum, yn wenith, barlys a rhyg,
fel y rhoddai docyn o nerth ac ymborth
i'r rhai a wyddai mai ar fara'n unig
y byddent fyw trwyddo'r diwrnod hwnnw,
ac yn nwyster oriau dulas y nos rhwng anadl
ac atalfa, rhwng gwawch a thawelwch
daeth rhannu bara yn un fendith fechan.

O'r tylino, a'r crasu, rhoddi'r bara'n gymen
yn nwylo cignoeth y lliaws a wnaeth
gan eiriol arnynt i ddyfalbarhau,
a rhag llwgu a diffygio, wele ei luniaeth yn rhwyddino'r
rhofio, ac yn lle grit a graean a chledrau cignoeth,
ennyd o ddawn achubol y grawn i gynnal
torf ar eu cythlwng, y rhai rhy syn
i dorri geiriau.
　　　　Cymun rhyfedd ydoedd hwn a'r bysedd halog
yn trafod fesul tafell, a'r llowcio weithiau
yn glynu'n sownd yn y lasog.
　　　　　　　　Ysbaid mae'n rhaid
oedd hi, o'r llaid a'r llwch i gofio ystyr
'dyro i ni heddiw ein bara beunyddiol',
gan edliw liw nos y pwll fu'n eu cynnal,
wrth ennill eu tocyn yn y meichiau du.

13 Cast thy bread upon the waters

> My father came home after finishing his bread round and started
> baking all over again so he could take the bread to the workers.
> RECOLLECTION OF A YOUNG BOY

After sharing out the loaves at daybreak to the valley customers
he turned to bake again, mixing the flour and water, the yeast,
the wheat, barley and rye
so he could give a portion of strength and nourishment
to those who knew that bread alone would sustain them
throughout that day and in the depth of the blue-black hours
of night, between breath and silence, the sharing of bread
became a small blessing.

From the kneading, the baking, the placing of the bread tidily
in the rubbed-red hands of the multitude, the baker
begged them to persevere, so they might not starve
or fall at the wayside. And behold, the bread they ate
made the shovelling easier and instead of grit and grime,
with raw palms, his offering was the grain's gift
to the many, too dazed to break words.

Such a strange communion indeed, hands caked with dirt,
sharing the bread, piece by piece to the hungry fold,
so that the portions became stuck in the rescuers' throats.

A brief respite it was from the mire and dust, to recall
the meaning 'give us this day our daily bread',
bemoaning the pit at dusk that supported them,
the wages that they dug through its black branches.

Bara, boed henbob neu glatsh
doedd o bwys y noson honno,
nac i'r pobydd aeth ati yr eildro
i borthi ei gymdeithion, cyn troi
am adre, newyn yn ei galon,
briwsion yn fara cystudd,

gan wybod na fyddai bara i rai
byth eto heb fod arno
flas glo,
glo caled.

Bread, be it sourdough or 'clatsh', nobody minded that night
nor the baker who went to feed his companions, before turning
for home, a famine in his heart,
crumbs of bread's affliction,

knowing that for some – bread would
forever again carry the taste of coal,
hard coal.

[EAH]

14 Cerdd ganfod: Capel Aberfan 2016

Carcharu un am losgi capel Aberfan
SOUTH WALES EVENING POST

Roedd yn glanhau y capel,
ganddo fwnshyn o allweddi,
gwirfoddolwr dros Grist.
Ond sleifiodd i mewn un noson,
rhoi lliain lwch ar dân,
a'r lle'n wenfflam.
Aeth at y swyddogion tân,
galw ei hun y gofalwr,
agorodd y drysau,
cyn cerdded tua thre.

Heb do, heb fondo
heb organ, heb emynau, heb feinciau
    dim ond cragen wag
a'r cof am y corfflan,
un bore mwll.

Ei eiriau cyn y ddedfryd,
'Rwy'n caru'r capel 'na.'

14 Found poem: Aberfan Chapel 2016

An arsonist is jailed for setting fire to Aberfan chapel
SOUTH WALES EVENING POST

He cleaned the chapel,
had his own set of keys,
a volunteer for Christ.
Yet he sneaked in one evening,
set fire to a dust sheet,
the place ablaze.
He approached the fire officers,
introduced himself, the caretaker,
opened the doors,
then walked home.

No roof now, no eaves,
no organ, no hymns,
   no pews,
    gutted.

Only the memory
of a mortuary,
one cold morning.

His words before sentence:
'I love that chapel.'

[ME]

15 Och

I always said that when I met MacDiarmid, I had met a great
poet who said 'Och'. I felt confirmed, in that monosyllable
there's a world view nearly.

SEAMUS HEANEY

O bob byd, byd yr och
sydd ynom a'r ochenaid,
gwaedd o waed y galon.
Daw o'n mêr a'n hesgyrn
a phwy a ŵyr na seiniwyd
wrth inni rannu och gyda'r ach
a fentrodd i'r Hen Ogledd.
'Och a gwae' ac archoll oedd,
ac o Gatraeth a'i hiraeth hir,
sill a haliwyd o'n hanfod.

O'r anair 'och', arhosodd
fel llef ar wefus
i'w yngan pan fo angau
yn anhreuliedig ynom.
         A hyd heddiw
yr och a erys yn ddolefus
fel blewyn ar dafod,
yr 'O' a'r 'ch'
fel odl o'r anadl
nad oes carreg ateb iddi.

Yn gerdd un gair
sy'n tagu'n y gwddf,
Och bychanfyd cyfan –
                    Aberfan.

15 Och

I always said that when I met MacDiarmid, I had met a great
poet who said 'Och'. I felt confirmed, in that monosyllable
there's a world view nearly.

SEAMUS HEANEY

Because in that world
Och is within us,
a cry of the heart's blood.
It comes out of our bones
and murmurs in our marrow.
Yet who might savour the sound
when Och becomes Ach
as in the Old North?
Och is woe and a wound,
the wail at Catraeth
when our world was laid waste,
one syllable
souring the source.

Halt any oath
upon the lip
but utter Och
only when death
is incandescent
within ourselves.
Today Och remains
grievous on the tongue,
its O, is CH
unabating as breath
but its echo unallowed.

It's a song of one word
that catches the throat,
the epoch of Och
an unvanishing
          Aberfan.

[RM]

Y Glwyd

(wedi'r drychineb yng nglofa Gleision, 2011)

Daw ambell ddydd fel bollt
yn atgof mai chwa dan ddrws
sydd rhyngom â byw. Ddoe,
glowyr dan ddaear yn trengi,
a minnau'n cofio geiriau cynnil
fy mam am reolwr y gwaith
a'r fforman yn cerdded trwy'r
pentre i'w chartre yn 1947.
Y gwragedd yn gwylio o bob tu'r stryd,
i weld pa dŷ oedd eu cyrchfan.
Ond gwyddai mam-gu
wrth glywed y giât yn cau
beth oedd y gnoc a'r neges ddu.

Heddiw, meddyliaf am y ddwy:
mam-gu a mam; deall yn well
fel y byddent yn cau allan pob sôn
ar deledu am ddamwain dan ddaear.
Cofient hwy am y glwyd yn cau.

A'r prynhawn yma, daw newydd
gan gyfaill o Mumbai sy'n adrodd
am ddaeargryn Sikkim ac fel
y clywodd ei rhieni ei fwriad
yn Kolkata. O bell ac agos
mae clwydi'n cau ac agor,
pobl a'u byd ar ben, a'r byd
yn dod yn nes, yn tynnu arnom.
A phob chwiff o si, yn ddrwg
neu'n dda, yn murmur mai byw
trwy fyllt a wnawn, y rhai
sy'n cau, a'r rhai sy'n clwyfo.

The Gate

(after the Gleision colliery tragedy, 2011)

Sometimes
a day like a lightning-bolt
will remind us that there's only
a breeze under the door between us and death. Yesterday,
men died, underground, and I remembered
my mother's sparing words:
1947: pit manager and foreman walking slow
down the village street towards her home.
The women watching either side of the street
to see which house was their journey's end.
But as she heard the gate close
my grandmother knew
the dark message that came with the knock on the door.

Today, I think of them both:
my mother, my grandmother, better understand
how they'd switch off any mention
of underground disasters the minute they started.
They remembered the closing of the gate.

And this afternoon, there's news
from a friend in Mumbai who tells me
of the earthquake in Sikkim; how her parents
heard its murmur in Kolkata. Near and far
gates are opening, closing,
the end of their world for some, and the world
coming closer, drawing us to it. And every
ghost of a rumour, good or bad,
murmurs that we live through bolts,
some which close, some which wound.

Ac ar ddiwedd y dydd,
syllu'n hir ar y glwyd lonydd.
Hedd yn fendith am heddiw.
Am heddiw, cawsom hedd.

At the end of the day,
we gaze for a long time at the still gate.
Given the blessing of peace for today.
For today, we were given peace.

[EAH]

NOTES

Ysgol Gân y Drudwns | Singing School for Starlings

A new study to measure starlings' ability to recognise new songs proved that they were still able to remember what they had learned the previous day.

Marwnad i ieithoedd | Marwnad for Languages

These short gnomic poems were gleaned over a number of years as anecdotes. *Marwnad* was a Welsh language form of elegy and the poems convey the fragility of language, a reality Welsh speakers are confronted with negotiating daily between rapture and rupture.

Y Samariad | The Samaritan:

In memory of Professor John Rowlands, co-editor of *The Bloodaxe Book of Modern Welsh Poetry* (2003). A prolific writer, novelist, literary critic, he was influential in inspiring many of today's leading Welsh-language writers and a true internationalist.

Y gwir yn erbyn gweill | The truth against needles

Hedd Wyn was the bardic name of Ellis Humphrey Evans (1887–1917), who died on the 31 July 1917 at the battle of Pilkem Ridge. He submitted an ode for the Chair competition at the National Eisteddfod in Birkenhead, August 1917. When his nom-de-plume was announced as the winner of the chair, it became known that he had been killed a few days previously. A black cloth was draped over the empty chair – the Black Chair of Birkenhead.

This poem imagines the dual lives of the young lads who marched off to war and that of their mothers. Here, I imagine Hedd Wyn's mother, who only heard officially of his death on 24 August 1917.

Hedd Wyn: Y Blotyn Du | The Black Stain
Atgo' | Reminiscence

These short lyrics are two of Hedd Wyn's best known poems.

Notes on and by the translators

Elin ap Hywel is a poet and translator and has translated much of Menna Elfyn's poetry over the past forty years, and edited *Merch Perygl* (Danger's Daughter), a Welsh-language *Selected Poems* of Elfyn's work (Gomer Press, 2011). Her own poetry has been widely anthologised and translated into Czech, English, German, Galician, Italian and Japanese.

Elin ap Hywel writes: 'The strength of Menna Elfyn's poetry lies in the interplay between the gentle and the strong, the marginalised and those at the all-powerful centre. This concern for the small things, those who are forgotten, those whose voice is dimly – or never – heard, manifests itself not in polemics but in the way the poet sees: a bird beating its breast against a window: a child's need to seek forgiveness, and the delicate but searing wit, when needed, to cut the cloth to its proper size.'

Gillian Clarke was National Poet of Wales 2008-16, and co-edited *The Map and the Clock: A Laureate's Choice of the Poetry of Britain and Ireland* (Faber, 2016) with Carol Ann Duffy. Her numerous books of poetry include *Collected Poems* (1997), *Five Fields* (1998), *Making the Beds for the Dead* (2004) and *Ice* (2012) and *Zoology* (2017), all from Carcanet, and *Selected Poems* (2016) from Picador. She received the Queen's Gold Medal for Poetry, and the Wilfred Owen Poetry Award, in 2012, the first woman to receive the latter.

Gillian Clarke writes: 'To translate a poem from its heart-language into another is to make it a stranger to itself. It must lose its own music and find new. Menna Elfyn and I have been criss-crossing this dangerous border for years, I from her Welsh into my English, and she in the other direction, each attempting to make a new poem in our mother tongue. Always something is lost, something gained, and much is learned. In a way, every poem, if it works its magic, is a spell.'

Damian Walford Davies is the author of *Suit of Lights* (2009), *Witch* (2012) and *Judas* (2015), all published by Seren. His latest collection, *Docklands*, is a Victorian ghost story in verse, and his next collection, *Go! Go! Gino Bartali*, offers a poetic profile of the legendary double-winner of the Tour de France. He is Professor of English and Head of the School of English, Communication and Philosophy at Cardiff University.

Damian Walford Davies writes: 'Once again, Menna Elfyn welcomes the chance to be rendered plural across the spine of a parallel-text collection. An original Welsh poem faces off against an English riff. The result is not compromise, the latest victory for global English, but something more complex – a two-way transaction in which two utterances, two languages, two cultures, hail and contend with each other. Windows are opened onto the world of a poet who works outside the idiomatic comfort zones of her native language – thus troubling the English language itself.'

Robert Minhinnick is a poet, novelist and essayist. His many books include the essay collections *Watching the Fire Eater*, winner of Wales Book of the Year in 1993, and *To Babel and Back*, Wales Book of the Year in 2006. In 2004, his translations of Menna Elfyn's poems were included in his anthology *The Adulterer's Tongue: Six Welsh Poets* from Carcanet. His latest poetry collection is *Diary of the Last Man* (Carcanet, 2017).

Robert Minhinnick writes: 'The motto of my school was "A Fo Ben Bid Bont", translatable as "he who might be a leader let him be a bridge". I can think of no more important bridge in Wales than Menna Elfyn who has fostered a school of writers who seek to translate and thus learn about the Welsh language and world poetry. Hers is a lasting cultural as well as literary achievement.'